CHAQUE FAMILLE ES[...]LE

Par: *C Brutus*

This book is originally written in English and has been carefully translated into French. Both versions offer the same heartwarming story, ensuring that readers in both languages can enjoy the message.

Ce livre est initialement écrit en anglais et a été soigneusement traduit en français. Les deux versions proposent la même histoire réconfortante, garantissant que les lecteurs des deux langues puissent apprécier le message.

Dans une petite ville lumineuse du Wisconsin, les rires des enfants remplissaient l'air. Chaque enfant avait une famille et chaque famille était unique. Mais toutes les histoires n'ont pas été racontées aussi facilement que les autres.

Dina vivait avec sa mère et son père. Ils préparaient des biscuits ensemble et organisaient des soirées cinéma tous les vendredis. Mais dernièrement, Dina a remarqué quelque chose : sa famille ne ressemblait pas toujours aux autres.

Léo vivait uniquement avec son père. Ils partaient en randonnée et construisaient des forts dans le salon. Mais un jour à l'école, un camarade de classe a demandé : « Où est ta mère ? La question restait en suspens et Léo ne savait pas quoi dire.

À côté vivait Daph, qui partageait sa maison avec ses grands-parents. Elle adorait les histoires qu'ils racontaient, mais elle se demandait parfois pourquoi ses amis avaient des parents à leurs matchs de football alors que ses grands-parents l'acclamaient depuis le banc de touche.

Jaden a été adopté et vivait avec deux pères. Ils adoraient peindre et explorer les musées d'art, mais parfois des chuchotements le suivaient dans les couloirs. « Deux papas ? Comment ça marche ? murmurèrent-ils. Jaden resta silencieux, faisant semblant de ne pas entendre.

Ama a eu deux mamans. elles jouaient au football et applaudissaient à chaque match, mais parfois Ama remarquait les regards étranges des autres parents. L'amour était toujours là, mais Ama ne pouvait ignorer le sentiment que les autres ne comprenaient pas.

Chaque enfant avait sa propre famille spéciale, remplie d'amour et de rire, mais ils ont commencé à remarquer que le monde n'était pas toujours aussi tolérant. Parfois, il semblait qu'ils devaient défendre ce qui les faisait se sentir le plus en sécurité : leur famille.

Une journée ensoleillée, les enfants se sont réunis au parc pour un événement familial. Alors qu'il faisait chaud, ils avaient le cœur lourd, discutant non seulement de souvenirs heureux mais aussi de doutes et de questions qui pesaient sur eux.

Dina a déclaré : « Parfois, j'ai l'impression que les gens pensent que ma famille est trop ordinaire. » Leo hocha la tête : "Quelqu'un m'a demandé pourquoi je n'avais pas de mère et je ne savais pas quoi dire." Daph fronça les sourcils. "Je reçois des regards bizarres parce que je vis avec mes grands-parents."

Jaden a partagé tranquillement : « Les gens ne comprennent pas pourquoi j'ai deux pères. C'est comme s'ils pensaient que c'était mal. Ama a ajouté: "Oui, j'ai l'impression que les gens jugent mes mères et je ne sais pas comment leur faire comprendre que tout va bien."

Le parc resta silencieux un instant. Puis Dina prit la parole, d'une voix ferme. « Peut-être n'avons-nous pas besoin de leur faire comprendre. Nous savons déjà ce qui compte.

Les yeux de Léo s'éclairèrent. "Tu as raison! Il ne s'agit pas de ce qu'ils pensent, mais de ce que nous savons. Daph a souri : "Nous savons que nos familles nous aiment, et c'est ce qui est important."

Jaden sourit : « Et nous n'avons pas besoin d'être pareils pour nous respecter. C'est ce qui le rend spécial, n'est-ce pas ? » Le visage d'Ama s'éclaira. "Exactement! Nous devrions le célébrer, pas l'expliquer.

Le groupe a décidé de créer quelque chose de spécial : une affiche pour montrer au monde ce qu'ils savaient dans leur cœur. « Les familles sont de toutes formes et de toutes tailles! » écrivaient-ils en lettres lumineuses, chaque enfant dessinant sa famille avec fierté.

Alors qu'ils avaient fini, Ama a regardé ses amis et a dit : « Célébrons nos différences, ne les cachons pas. » Les enfants ont applaudi, le cœur plus léger qu'avant, le parc se remplissant de leurs voix joyeuses.

A partir de ce jour, ils ont fait une promesse. Ils ne se laisseraient plus déranger par les questions ou les regards étranges. Au lieu de cela, ils seraient fiers, fiers de l'amour qui unissait leurs familles.

Quelle que soit la composition de votre famille, que vous ayez un parent, deux parents ou que vous viviez avec d'autres personnes, chaque famille est spéciale à sa manière. Dans un monde qui ne comprend pas toujours, l'amour et le respect nous rassemblent. Gardez à l'esprit que chaque enfant a une histoire qui mérite d'être partagée avec fierté.

Dessine une image de ta famille

J'aime ma famille parce que _____

_____

_____

À propos de l'auteur

Je m'appelle C Brutus, je suis née en Haïti en octobre 1992. Après avoir déménagé aux États-Unis, j'ai poursuivi mes études et assumé un large éventail de rôles et de réalisations. Équilibrant les responsabilités d'une mère dévouée envers deux filles et d'une épouse de militaire , j'assume mes tâches familiales avec grâce et résilience. Dans ma vie professionnelle, je travaille avec des étudiants en éducation spécialisée, démontrant ainsi mon dévouement à l'inclusion et à l'éducation. Au-delà de la salle de classe, mon amour pour l'apprentissage et l'enseignement m'a amené à devenir un auteur à succès. Ma collection comprend divers livres comme des livres de coloriage, des livres d'activités et des livres d'histoires, tous conçus pour engager et inspirer les jeunes esprits. Je suis vraiment reconnaissante pour votre soutien. Un grand merci à mes incroyables clients pour avoir soutenu mes efforts en matière de petite entreprise.

Merci!

C Brutus